복음을 변증하는 17가지 성경이야기

가스펠 세븐틴

워크북

세움북스는 기독교 가치관으로 교회와 성도를 건강하게 세우는 바른 책을 만들어 갑니다.

가스펠 세븐틴 워크북
복음을 변증하는 17가지 성경이야기

초판 1쇄 인쇄 2023년 6월 1일
초판 1쇄 발행 2023년 6월 5일

지은이 | 변상봉
펴낸이 | 강인구

펴낸곳 | 세움북스
등 록 | 제2014-000144호
주 소 | 서울시 종로구 대학로 19 한국기독교회관 1010호
전 화 | 02-3144-3500
이메일 | cdgn@daum.net

디자인 | 참디자인

ISBN 979-11-91715-80-4 (03230)

복음을 변증하는
17가지 성경이야기

가스펠 세븐틴

17

gos

pel

워크북

변상봉 지음

세움북스

들어가는 글

이 책은 『가스펠 세븐틴』의 워크북(Workbook)입니다. 『가스펠 세븐틴』은 약 1600년간 40여 명의 작가들에 의해 기록된 방대한 성경의 전체 내용과 그 핵심 메시지가 무엇인지를 성경을 처음 접하는 분들도 쉽게 이해할 수 있도록 하기 위해 쓴 책입니다. 구체적으로 '하나님의 천지 창조'에서부터 시작하여 '인간의 타락'과 '예수 그리스도의 십자가와 부활의 복음을 통한 인간의 구원', 그리고 '그 구원의 완성'이라는 하나님의 대장정의 역사를 일목요연하게 정리하면서, 이 모든 글이 궁극적으로 전하고자 하는 창조의 진리와 복음의 정수를 17개의 성경 이야기로 변증(논리적으로 분석하여 연구)합니다. 변증을 한다고 해서 지식적인 차원으로만 접근하는 것은 아닙니다. 창조 신앙과 복음에 대한 체험적 믿음을 나누는 것에 더 큰 목적이 있습니다. 그래서 우주와 나에 대한 창조의 진리와 창조주 하나님 앞에서 '나는 누구인가?'를 발견하고, 복음에 대한 깊은 체험을 통해서, 이제는 어떻게 살아야 하는지를 알려주는 삶의 지침서가 될 수 있도록 저술하였습니다.

그런데, 이러한 『가스펠 세븐틴』을 아직 깊은 신앙이 없거나 성경을 처음 접하는 분들이 혼자서 읽고 이해하기는 쉽지가 않습니다. 특히 체험적인 믿음의 영역은 경험해 보기 전에는 알 수 없는 것이기 때문입니다. 그렇다면, 어떻게 하면 좋을까요? 성경 사도행전 8장 31절을 보면, 성경을 읽고 있는 이디오피아 내시에게 빌립이 읽고 있는 것이 이해가 되는지 물어봅니다. 그러자 내시는 "지도해 주는 사람이 없는데, 어떻게 깨달을 수 있겠습니까?"라고 대답합니다. 체험적 신앙을 요구하는 성경의 진리를 깨닫기 위해서는 지도해 주는 사람이 필요합니다. 성경의 진리를 다루는 『가스펠 세븐틴』도 마찬가지입니다. 이 책을 충분히 이해하기 위해서는 이 책을 지적으로 충분히 소화하고 있을 뿐 아니라, 『가스펠 세븐틴』이 가르치는 창조의 진리와 복음에 대한 체험적 신앙이 있는 분들의 지도를 받아야 합니다. 그런 분들 중에 한 분을 스승으로 모시고 배워야 합니다. 저는 그런 분들을 'BTs', 'Bible Teachers'라고 부릅니다. 우리말로는 '성경 교사' 혹은 '성경 선생님'입니다.

『가스펠 세븐틴』은 사람들이 성경에 대해서 가질 수 있는 많은 의문을 질문의 형식으로 제시한 후, 답변하는 방식으로 전개됩니다. 구체적으로 모든 질문은 자신의 Bible Teacher와 함께 읽은 성경 본문에서 나옴 직할 만한 것들을 본문의 흐름을 따라가면서 제시하고, 제시한 모든 질문은 하나도 빠짐없이 전부 답변을 하면서 진행합니다. 그래서 『가스펠 세븐틴』을 가지고 가르치는 BTs는 먼저 배우려는 분들에게 질문을 던질 것입니다. 이 워크북은 『가스펠 세븐틴』에서 그러한 질문들만 뽑아서 옮겨 놓았습니다. 그리고 각 질문에 대해 나의 성경 선생님이 가르쳐 주는 것을 들으면서 배운 점이나, 내가 생각하는 바를 적을 수 있는 공간을 여백으로 각 질문 아래에 만들어 놓았습니다. 이 워크북을 사용해서 정리를 잘해 나가다 보면, 나는 어디서 와서 어디로 가는 존재인지, 내 인생의 의미와 목적은 무엇인지, 한마디로 나는 누구인지를 발견하게 될 것입니다. 그리고 이제는 어떻게 살아야 하는지에 대한 방향이 잡히고 새로운 삶을 결단할 수 있게 될 것입니다. 이 워크북을 통해 맹물 같은 인생이 향긋한 포도주와 같은 인생으로 변화되는 놀라운 기적을 체험하게 되기를 기도합니다.

『가스펠 세븐틴』의 저자 **변상봉**

차례

17
gospel

1부
창조와 타락

호수 깊은 곳에서 만난 주님

찬송가 302 + 누가복음 5:1-11

💬 사람들이 왜 이렇게 이른 아침부터 예수님께 몰려와서

예수님의 말씀을 듣고 있었을까요?

💬 아니면 BTS가 그곳에서 공연을 하였을까요?

💬 말씀을 전하시다가 예수님은 무엇을 하셨습니까?

💬 말씀을 마치신 예수님은 시몬에게 어떤 방향을 주셨습니까?

💬 게네사렛 호수의 깊은 곳은 어떤 곳일까요?

💬 예수님은 시몬에게 왜 깊은 곳으로 가라고 하셨을까요?

💬 시몬은 실패의 밤을 보낸 자신에게 예수님께서 '깊은 데로 가라'고 하셨을 때, 어떻게 하였습니까?

💬 시몬이 어떻게 예수님의 말씀에 순종할 수 있었을까요?

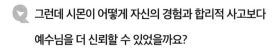 그런데 시몬이 어떻게 자신의 경험과 합리적 사고보다

예수님을 더 신뢰할 수 있었을까요?

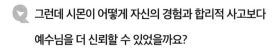 시몬이 예수님의 말씀에 순종했을 때 어떠한 일이 일어났습니까?

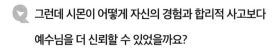 어부가 가장 기뻐하는 순간은 언제일까요?

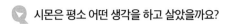 시몬은 평소 어떤 생각을 하고 살았을까요?

 만선을 경험한 직후 시몬의 반응은 어떠합니까?

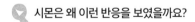 시몬은 왜 이런 반응을 보였을까요?

💬 이분은 물고기가 깊은 곳, 그 지점에 있는 것을 어떻게 아셨을까요?

💬 시몬은 이때 고기 잡힌 것으로 말미암아 놀랐다고 했습니다.

그런데 고기 잡힌 것으로 놀랐다고 해서 왜 자기를 죄인이라고 할까요?

💬 시몬이 이 만남을 감당할 수 있었을까요?

💬 예수님은 자신을 죄인이라고 고백하는 시몬에게 먼저 무슨 말씀을 하셨습니까?

💬 예수님은 시몬의 미래에 대해 어떤 예언의 말씀을 하셨습니까?

💬 사람을 취한다는 것이 무엇을 뜻할까요?

그렇다면 어떻게 해야 사람을 제대로 도울 수 있을까요?

우리의 그물은 어떻습니까?

그러면 빈 그물인 우리는 어떻게 해야 할까요?

성경 말씀을 통해서 잡을 수 있는 물고기들은 어떤 것들이 있는가?

우주의 기원

찬송가 477 + 창세기 1:1

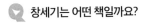 창세기는 어떤 책일까요?

 우선 창세기 1장을 어떻게 읽어야 할까요?

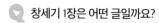 창세기 1장은 어떤 글일까요?

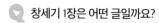 창세기 1장의 배경과 저자의 기록 의도는 무엇일까요?

 우주는 어떻게 존재하게 되었을까요?

💬 그렇다면 성경은 우주의 기원을 어떻게 말합니까?

💬 무에서 유를 창조하신 하나님은 어떤 분이실까요?

💬 그러면 성경이 말하는 천지 창조를 우리는 어떻게 알 수 있습니까?

 우리는 어떤 신앙을 가져야 할까요?

💬 우리는 부모가 자신을 낳은 것을 어떻게 압니까?

💬 하나님을 믿지 않을 때 어떤 삶을 살게 됩니까?

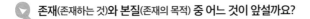

존재(존재하는 것)와 본질(존재의 목적) 중 어느 것이 앞설까요?

나의 존재 의미와 목적은 어디에 있습니까?

천지를 창조하신 하나님

찬송가 79 ✚ 창세기 1:2-25

💬 2절에 나오는 땅은 무엇을 가리킬까요?

💬 '혼돈하고 공허하며'는 무슨 뜻일까요?

💬 '흑암이 깊음 위에 있고'의 의미는 무엇일까요?

💬 '하나님의 영은 수면에 운행하시니라'의 의미는 무엇일까요?

💬 하나님은 만물을 구체적으로 어떻게 창조하셨습니까?

💬 하나님의 창조 방식이 어떠합니까?

💬 첫째 날에서 여섯째 날까지 '6일'이라는 창조 시간은 문자 그대로 오늘날
   우리의 시간 개념으로 24시간이 여섯 번 반복된 시간일까요?

💬 창조된 만물을 보셨을 때 하나님의 마음은 어떠하셨습니까?

💬 이상에서 살펴본 천지를 창조하신 하나님은 어떤 분이십니까?

💬 창세기 1장에 나타난 창조주 하나님을 믿을 때, 우리는 어떤 우주관, 어떤 세계관, 어떤 종말론을 가지고 살아갈 수 있을까요?

사람은 어떤 존재로 창조되었을까요?

찬송가 478 ✦ 창세기 1:26-30

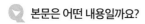 본문은 어떤 내용일까요?

 하나님은 사람을 어떤 존재로 만드셨습니까?

💬 하나님은 사람을 어떤 모양으로 창조하셨습니까?

💬 하나님께서 인간을 이렇게 존귀한 당신의 형상대로 만드신 목적이 무엇입니까?

💬 '땅을 정복하라'는 말씀은 무슨 의미를 갖고 있을까요?

하나님은 왜 인간으로 하여금 다른 피조물을 통치하게 하실까요?

하나님은 인간에게 사명을 부여하신 후 무엇을 주셨습니까?

나는 누구인가?

찬송가 304 + 창세기 1:31

💬 하나님은 당신이 만든 세상에 얼마나 만족하셨을까요?

💬 누군가가 나를 기뻐한다는 사실이 나에게 어떤 의미가 있을까요?

💬 "하나님이 보시기에 심히 좋았더라"는 말이 나에게 어떤 의미를 줄까요?

💬 나에 대한 진정한 평가는 누구만 할 수 있습니까?

💬 하나님이 우리 인간을 심히 좋아하시는 이유가 무엇일까요?

나는 누구입니까?

gospel 6

하나님의 첫 사랑

"하나님은 왜 선악과를 만들었을까요?"

찬송가 293 ✛ 창세기 2:7-15

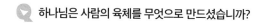 하나님은 사람의 육체를 무엇으로 만드셨습니까?

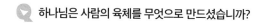 '생령이 되었다'는 말의 의미는 무엇일까요?

💬 하나님은 우리 인간을 왜 이렇게 멋지게 만들어 주셨을까요?

💬 에덴동산은 어떤 곳일까요?

💬 하나님은 인간에게 왜 에덴동산을 주셨을까요?

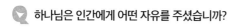 하나님은 인간에게 어떤 자유를 주셨습니까?

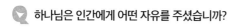 그런데 하나님은 왜 인간에게 무한대의 자유를 주셨을까요?

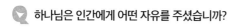 생명나무는 어떤 나무입니까? 그 나무의 정체는 무엇일까요?

🔻 자유 의지가 있으니, 천국에 가서도 인간이 에덴동산의 아담과 하와처럼 다시 죄를 지을 수 있지 않을까요?

🔻 그런데 이 나무를 따 먹으면 어떻게 선악을 알게 될까요?

🔻 그렇다면 악이란 무엇입니까? 선악과를 만든 하나님은 선뿐만 아니라 악도 만드셨습니까?

💬 하나님은 왜 선악과를 만들어 인간으로 하여금 죄를 짓게 하셨을까요?

💬 그럼에도 자유 의지에는 죄를 지을 수 있는 가능성이 있는데,

　하나님께서 왜 이런 위험한 일을 하셨을까요?

💬 그렇다면 하나님은 왜 '선악을 알게 하는 나무'를 만드셨을까요?

💬 선악과를 만드시기 전, 다시 말해 선악과 계명을 주시기 전 자유 의지를 가진

인간이 범할 수 있는 가장 큰 유혹이나 죄는 무엇일까요?

💬 인간의 자유 의지와 선악과는 어떤 관계가 있을까요?

💬 하나님은 왜 선악과를 따 먹으면 반드시 죽을 것이라고 경고하셨을까요?

선악과나무를 왜 동산 한가운데, 매우 잘 보이는 곳에 두셨을까요?

선악과는 아담에게 어떤 것이라고 할 수 있을까요?

선악과 열매만은 따 먹지 말라는 계명은 지키기 어려울까요?

💬 인간이 선악과와는 관계없이 자유 의지로 죄를 지었다면, 자유 의지를 주신

하나님에게 인간 범죄 책임이 있는 것 아닐까요?

💬 전지전능하신 하나님은 예지의 능력으로 선악과를 만들어 주어도 자유 의지를 가진

인간이 그 자유 의지로 타락할 것을 미리 아시지 않았을까요?

💬 하나님은 에덴동산을 다스리던 아담을 보시며 무슨 생각을 하셨을까요?

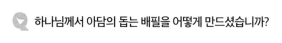 하나님께서 아담의 돕는 배필을 어떻게 만드셨습니까?

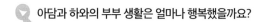 여자를 맞이하는 아담의 소감이 어떠했습니까?

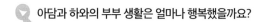 아담과 하와의 부부 생활은 얼마나 행복했을까요?

이상에서 무엇을 배울 수 있었습니까?

gospel 7

당신은 지금 어디에 있습니까?

찬송가 343 ✛ 창세기 3:1-9

오늘날 세상에는 왜 이렇게 아픔과 질병과 다툼과 더러움과 고난이 가득할까요?

평화로운 에덴동산에 어떤 일이 발생하였습니까?

💬 사탄은 뱀에게 들어가 인간을 어떻게 공격하였습니까?

💬 여자는 뱀에게 어떻게 대답하였습니까?

💬 뱀은 여자에게 무슨 거짓 확신을 심었습니까?

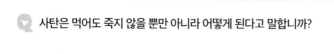 사탄은 먹어도 죽지 않을 뿐만 아니라 어떻게 된다고 말합니까?

여자가 사탄의 말을 듣고 그의 말을 믿게 되자, 어떻게 되었습니까?

선악과를 먹은 후에 아담과 하와는 어떻게 되었습니까?

💬 사탄의 말은 진실이었습니까? 아니면 거짓이었습니까?

💬 결국 인간은 어떻게 되었습니까?

💬 아담의 범죄가 나와 무슨 상관이 있나요?

💬 아담과 여자가 죄를 짓고 숨자 하나님은 어떻게 하셨습니까?

💬 하나님이 우리에게 "네가 어디 있느냐"고 물으실 때

우리는 어떻게 대답해야 할까요?

죄와 벌, 그 속에서 피어나는 열정적인 사랑의 장미꽃

찬송가 294 ✛ 창세기 3:10-24

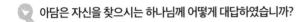 아담은 자신을 찾으시는 하나님께 어떻게 대답하였습니까?

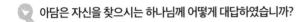 하나님은 벗어서 두렵다고 하는 아담에게 뭐라고 말씀하십니까?

가스펠 세븐틴 워크북

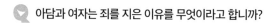 아담과 여자는 죄를 지은 이유를 무엇이라고 합니까?

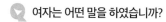 여자는 어떤 말을 하였습니까?

💬 하나님은 먼저 뱀을 어떻게 하셨습니까?

💬 사탄에 대한 심판 선언 가운데 어떤 하나님의 사랑이 담겨 있습니까?

💬 하나님은 사탄에게 심판을 선언하시면서 무엇을 드러내고 계십니까?

💬 여자는 어떤 형벌을 받게 되었습니까?

💬 땅과 지구는 어떤 저주를 받게 되었습니까?

💬 하나님은 아담에게는 어떤 형벌을 내리셨습니까?

💬 아담은 아내의 이름을 무엇이라고 불렀습니까?

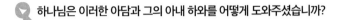 하나님은 이러한 아담과 그의 아내 하와를 어떻게 도와주셨습니까?

💬 하나님은 왜 아담과 하와를 에덴에서 내보내셨을까요?

17

2부

예수님은 누구신가?

좋은 포도주를 만들어 주시는 예수님

찬송가 289 + 요한복음 2:1-11

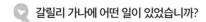 갈릴리 가나에 어떤 일이 있었습니까?

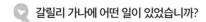 예수님은 인류 구원을 위한 공적인 생애를 시작하시면서

왜 첫 번째로 혼인집부터 들르셨을까요?

💬 잔칫집에 무슨 문제가 발생했습니까?

💬 우리 인생에는 무엇이 떨어졌습니까?

💬 포도주가 떨어졌을 때, 이를 안 마리아는 어떻게 하였습니까?

이때 예수님은 도움을 요청한 마리아에게 어떤 반응을 보이셨습니까?

마리아가 하인들에게 순종할 자세를 갖도록 준비시키자

예수님은 어떻게 하셨습니까?

이때 하인들은 어떻게 하였습니까?

아귀까지 물을 채운 하인들에게 예수님은 이번에는 어떤 명령을 하셨습니까?

하인들이 항아리에 물을 채우자 어떤 놀라운 기적이 일어났습니까?

하인들의 순종이 어떤 역할을 했습니까?

가스펠 세븐틴 워크북

💬 조지 뮬러라는 사람을 아십니까?

💬 이 첫 표적에서 예수님은 어떤 영광(glory)을 나타내셨습니까?

💬 포도주가 떨어진 잔칫집에 더 좋은 포도주가 공급되었다는 것은
무엇을 의미할까요?

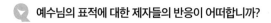 예수님의 표적에 대한 제자들의 반응이 어떠합니까?

예수님의 첫 표적과 이 표적을 행하신 예수님은 나와 무슨 관계가 있을까요?

가스펠 세븐틴 워크북

거듭남과 하나님의 나라

찬송가 288 + 요한복음 3:1-21

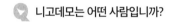 니고데모는 어떤 사람입니까?

 이런 그가 왜 예수님을 찾아왔을까요?

💬 우리에게는 어떤 고민이 있습니까?

💬 예수님은 자신을 찾아온 니고데모에게 무슨 말씀을 하셨습니까?

💬 우리가 다시 태어나야만 하나님 나라를 볼 수 있는 이유가 무엇입니까?

💬 예수님께서 하나님 나라를 보려면 거듭나야 한다고 하시자

　　니고데모는 어떻게 반응하였습니까?

💬 예수님은 이런 '영린이', 영적 어린아이 같은 그에게 거듭남의 진리를

　　어떻게 설명해 주십니까?

💬 그런데 니고데모는 왜 이러한 거듭남의 진리를 계속해서 이해하지 못할까요?

💬 우리가 거듭나기 위해서는 어떤 선결 요건(requirement)이 필요할까요?

💬 예수님이 십자가에 높이 달리시는 것을 믿는 것이
 나의 구원과 어떻게 관계가 있을까요?

💬 거듭남과 하나님 나라의 진리는 누가 왜 만들었습니까?

가스펠 세븐틴 워크북

그러나 하나님은 이러한 세상을 어떻게 하셨습니까?

당신의 외아들이 험한 세상에서 고생하다가 십자가에 달려 죽는 모습을
바라보시는 하나님의 마음이 어떠하였을까요?
그 심장이 얼마나 세차게 요동치며 터져 버릴 것 같았을까요?

그런데 영원 전부터 무한한 사랑으로 함께하던 외아들 예수님을
십자가에서 잃은 하나님의 마음은 얼마나 더 아팠을까요?

💬 그러면 하나님께서 독생자를 세상에 보내신 목적이 무엇입니까?

💬 그러면 우리는 어떻게 이러한 영생을 누릴 수 있습니까?

💬 사람들이 예수님을 믿지 않으면 어떻게 됩니까?

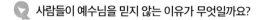 사람들이 예수님을 믿지 않는 이유가 무엇일까요?

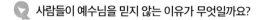 진정한 행복은 어디에 있습니까?

영생하도록 솟아나는 샘물

찬송가 526 ✛ 요한복음 4:3-30

💬 예수님이 사마리아 수가 한 우물가에 도착하셨을 때, 누가 나타났습니까?

💬 예수님은 이 여인에게 어떤 말씀을 하셨습니까?

가스펠 세븐틴 워크북

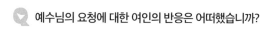예수님의 요청에 대한 여인의 반응은 어떠했습니까?

예수님은 이 여인을 어떻게 하셨습니까?

여인은 예수님이 말하는 생수를 어떤 것으로 생각합니까?

💬 야곱과 당신을 비교하는 여인을 예수님은 어떻게 도와주십니까?

💬 야곱의 우물의 특징은 무엇입니까?

💬 그러나 예수님이 주시는 물은 어떻습니까?

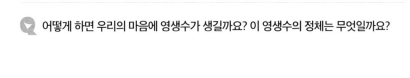

💬 어떻게 하면 우리의 마음에 영생수가 생길까요? 이 영생수의 정체는 무엇일까요?

💬 예수님은 영생수를 달라고 하는 여인에게 무엇이라고 말씀하셨습니까?

💬 그런데 예수님은 왜 남편을 불러오라고 하셨습니까?

💬 예수님의 말씀에 여인은 어떻게 반응하였습니까?

💬 예수님은 남편이 없다며 진실을 가리는 여인을 어떻게 도우십니까?

💬 사람들은 인생의 참된 만족을 어디에서 찾습니까?

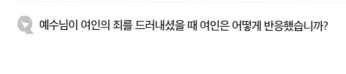

예수님이 여인의 죄를 드러내셨을 때 여인은 어떻게 반응했습니까?

예수님을 선지자라고 생각한 여인은 예수님께 어떤 질문을 하였습니까?

예수님을 만난 여인은 어떻게 변화되었습니까?

오늘날 우리는 어떤 자세로 예배를 드려야 할까요?

38년 된 병자도 낫게 해 주신 예수님

찬송가 471 + 요한복음 5:1-9

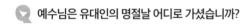
예수님은 유대인의 명절날 어디로 가셨습니까?

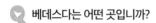
베데스다는 어떤 곳입니까?

💬 다들 명절 축제를 즐기는 그때, 이들은 얼마나 비참하고 처량하게
눈물을 흘리고 있었을까요?

💬 예수님은 왜 이러한 베데스다라는 연못으로 가셨을까요?

💬 그런데 왜 이런 병자들이 이곳 베데스다 못가에 모여 있을까요?

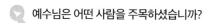 예수님은 어떤 사람을 주목하셨습니까?

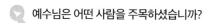 예수님은 이 사람에게 어떤 말씀을 하셨습니까?

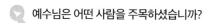 그런데도 이를 다 아실 예수님께서 왜 이런 질문을 하실까요?

💬 38년 된 병자는 어떻게 대답을 합니까?

💬 '도와주는 사람이 없다'라는 말은 무엇을 의미할까요?

💬 예수님은 남을 탓하는 병자를 어떻게 도와주십니까?

오늘날 사람들은 어떤 점에서 병들어 있을까요?

잃은 자를 찾아 구원하러 오신 예수님

찬송가 305 + 누가복음 19: 1-10

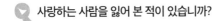 사랑하는 사람을 잃어 본 적이 있습니까?

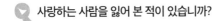 예수님께서 어디를 지나고 계셨습니까?

💬 삭개오는 어떤 사람이었습니까?

💬 당시 세리에 대한 사람들의 인식은 어떠했을까요?

💬 삭개오는 왜 이런 세리가 되었을까요?

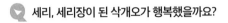 세리, 세리장이 된 삭개오가 행복했을까요?

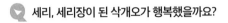 오늘날에도 삭개오와 같은 사람들이 있을까요?

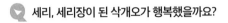 삭개오는 예수님께서 여리고에 오셨다는 소식을 들었을 때 어떤 생각을 했을까요?

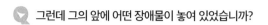 그런데 그의 앞에 어떤 장애물이 놓여 있었습니까?

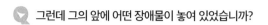 삭개오는 이러한 어려움을 어떻게 극복했을까요?

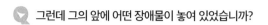 예수님은 돌무화과나무 위에 있는 삭개오를 어떻게 하셨습니까?

💬 삭개오를 꾸짖고 심판해 주시기를 바라지 않았을까요?

💬 예수님은 삭개오에게 무슨 말씀을 하셨습니까?

💬 예수님이 내려오라고 하시자 삭개오는 어떻게 하였습니까?

💬 예수님께서 삭개오 집에 들어가는 것을 본 사람들의 반응이 어떠하였습니까?

💬 삭개오는 어떤 결단을 하였습니까?

💬 삭개오가 어떻게 이런 결심을 하게 되었을까요?

💬 예수님은 삭개오에게 무엇을 선포하셨습니까?

💬 예수님이 이 세상에 오신 목적은 무엇입니까?

💬 잃어버린 자라면, 어떤 점에서 잃어버린 자입니까?

잃어버린 자를 향한 예수님의 마음은 어떠할까요?

3부

복음과 구원

gospel 14

십자가에 못 박히신 예수님

찬송가 150 ✛ 요한복음 19:1-30

 기독교를 상징하는 십자가에는 어떤 의미가 있을까요?

 빌라도는 예수님을 데리고 가서 어떤 형벌을 가했습니까?

💬 채찍에 맞은 예수님을 본 유대인들의 반응이 어떠합니까?

💬 결국 빌라도는 예수님을 어떻게 하였습니까?

💬 군인들은 예수님을 어떻게 하였습니까?

💬 십자가 형벌은 구체적으로 어땠습니까?

💬 십자가에 못 박히신 예수님은 얼마나 아프셨을까요?

💬 우리가 본문 속의 현장에 있었다면 어떤 모습으로 있었을까요?

💬 예수님은 모진 고난을 어떤 자세로 감당하셨습니까?

💬 도대체 예수님의 마음속에는 무엇이 있었길래 이러한 고난을 묵묵히 감내하실까요?

💬 이 예수님의 사랑은 구체적으로 어떤 사랑일까요?

가스펠 세븐틴 워크북

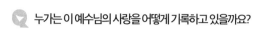 누가는 이 예수님의 사랑을 어떻게 기록하고 있을까요?

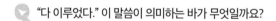 십자가에서 예수님의 마지막 순간은 어떤 모습이었습니까?

"다 이루었다." 이 말씀이 의미하는 바가 무엇일까요?

약속과 예언 외에 예수님은 또 무엇을 성취하셨습니까?

'대속'이라는 말을 아십니까?

우리 인간은 현재 어떤 상태입니까?

우리는 어떻게 하면 잃어버린 하나님의 형상을 회복할 수 있습니까?

'다 이루었다'라는 뜻의 '테텔레스타이'라는 단어는 당시 예술가들도
즐겨 사용했는데, 그들에게는 어떤 의미가 있었을까요?

죄로 말미암아 심판을 받아야 할 우리에게 예수님의 십자가는 무엇과 같을까요?

💬 '다 이루었다'라는 말에는 어떤 감정이 들어 있을까요?

💬 우리는 이제 예수님의 십자가를 어떻게 해야 할까요?

💬 누가복음 23장에서는 예수님의 마지막을 어떻게 기술해 놓았을까요?

가스펠 세븐틴 워크북

부활하신 예수님

찬송가 165 ✛ 요한복음 20:1-17

💬 우리의 죄를 대속하시기 위하여 십자가에 달리신 예수님은

그 후 어떻게 되셨을까요?

💬 베드로와 다른 한 제자는 마리아의 말을 듣고 어떻게 했습니까?

💬 제자들은 빈 무덤과 놓여 있는 세마포와 수건을 보고 무엇을 믿게 되었습니까?

💬 제자들은 왜 예수님의 부활을 믿지 못했을까요?

💬 흰옷 입은 두 천사들은 마리아에게 무슨 말을 하였습니까?

💬 마리아의 뒤편에 누가 서 계셨습니까?

💬 예수님은 이런 마리아에게 무슨 말씀을 하셨습니까?

💬 대신 예수님은 마리아에게 어떤 사명을 주셨습니까?

💬 예수님은 제자들에게 나타나셔서 어떻게 하셨습니까?

💬 제자들이 부활하신 예수님을 만나고 나서 기뻐한 이유가 무엇입니까?

💬 그렇다면 예수님의 부활은 우리에게 구체적으로 어떤 의미와 은혜를 줍니까?

그러면 우리는 어떻게 예수님의 부활의 은혜를 누릴 수 있습니까?

영접 기도문

사랑의 하나님 아버지, 제가 지금까지 하나님을 떠나 죄에 빠져 살아왔습니다. 내 인생의 주인이 나라고 생각하였습니다. 그래서 내 생각대로, 내 마음대로 살았습니다. 육신의 정욕과 타락한 본성을 좇아 많은 죄를 지었습니다. 이런 죄인도 사랑하셔서 예수 그리스도를 제 죄를 대속하는 희생 제물로 십자가에 내어 주시고, 삼일 만에 다시 살아나게 하셔서 제 모든 죄를 용서해 주시고 저에게 영원한 새 생명을 주심을 감사드립니다. 이 시간 이 예수님을 나의 구주로 영접합니다. 이제 제 마음속에 (성령으로) 들어오셔서 제 죄를 십자가의 피로 씻어 주시고 거룩한 하나님의 자녀로 살아가도록 도와주시기를 기도합니다. 예수님의 이름으로 기도합니다. 아멘.

4부

그러면 우리는
어떻게 살 것인가?

숯불처럼 뜨거운 사랑

찬송가 315 + 요한복음 21:1-17

 우리를 향한 예수님의 사랑은 어떠합니까?

 제자들은 현재 어디에 있습니까?

💬 예수님은 제자들에게 무슨 말씀을 하셨습니까?

💬 이때 제자들은 무슨 생각을 하게 되었습니까?

💬 베드로는 예수님을 알아보자 어떻게 행동하였습니까?

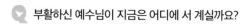 부활하신 예수님이 지금은 어디에 서 계실까요?

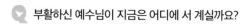 육지로 올라온 제자들을 예수님은 어떻게 섬기셨습니까?

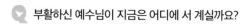 예수님은 베드로에게 무슨 질문을 하셨습니까?

그리고 베드로는 어떻게 대답했습니까?

💬 세 번째 질문에 베드로는 어떻게 대답하였습니까?

💬 예수님과 시몬 베드로의 대화에서 핵심 주제는 무엇입니까?

💬 그러면 이제 우리는 어떻게 살아야 할까요?

gospel 17

열매 맺는 삶의 비결

찬송가 92 ✛ 요한복음 15:1-16

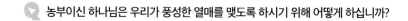 농부이신 하나님은 우리가 풍성한 열매를 맺도록 하시기 위해 어떻게 하십니까?

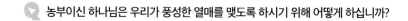 하나님은 열매를 맺는 가지는 어떻게 하십니까?

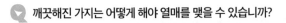

💬 깨끗해진 가지는 어떻게 해야 열매를 맺을 수 있습니까?

💬 예수님 안에 거하는 삶이란 어떤 것일까요?

💬 우리는 구체적으로 어떤 방식으로 열매를 맺을까요?

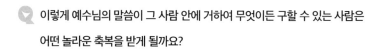 이렇게 예수님의 말씀이 그 사람 안에 거하여 무엇이든 구할 수 있는 사람은 어떤 놀라운 축복을 받게 될까요?

이제 우리는 어떻게 살아야 할까요?